Impressum
Verlag: BABADADA GmbH, Nedderfeld 112 , 22529 Hamburg
Geschäftsführer / Verlagsleitung: Harald Hof
Druck: Books on Demand GmbH, In de Tarpen 42, 22848 Norderstedt

Imprint
Publisher: BABADADA GmbH, Nedderfeld 112 , 22529 Hamburg, Germany
Managing Director / Publishing direction: Harald Hof
Print: Books on Demand GmbH, In de Tarpen 42, 22848 Norderstedt

okul

škola

böl
deliti

186/2

tahta
ploča

sınıf
učiona

okul bahçesi
školsko dvorište

öğretmen
nastavnik

kağıt
papir

yazmak
pisati

kalem
hemijska olovka

masa
pisaći stol

cetvel
lenjir

kitap
knjiga

öğrenci
učenik

okul çantası
....
torba

kalemlik
....
pernica

kurşun kalem
....
grafitna olovka·

kalem açacağı
....
šiljilo za olovke

silgi
....
gumica za brisanje

çizim defteri
....
blok za crtanje

çizim
········
crtež

resim fırçası
········
kist

boya kutusu
········
kutija sa bojama

makas
········
makaze

tutkal
········
lepilo

alıştırma kitabı
········
beležnica

ödev
········
domaći zadatak

12

sayı
········
broj

2+2

ekle
········
sabirati

5-2

çıkar
········
oduzimati

2×2

çarp
········
množiti

hesapla
········
računati

A

harf
········
slovo

ABCDEFG
HIJKLMN
OPQRSTU
VWXYZ

alfabe
········
abeceda

kelime
········
reč

metin

tekst

okumak

čitati

tebeşir

kreda

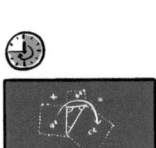

ders

čas

kayıt

dnevnik

sınav

ispit

sertifika

svedočanstvo

okul forması

školska uniforma

eğitim

obrazovanje

ansiklopedi

leksikon

üniversite

univerzitet

mikroskop

mikroskop

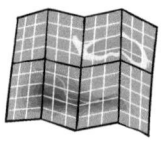

harita

karta

kağıt çöp kutusu

košara za papir

seyahat
putovanje

otel
hotel
Grand
pansiyon
prenoćište
ROOMS
döviz bürosu
menjačnica
bavul
kofer
otomobil
auto

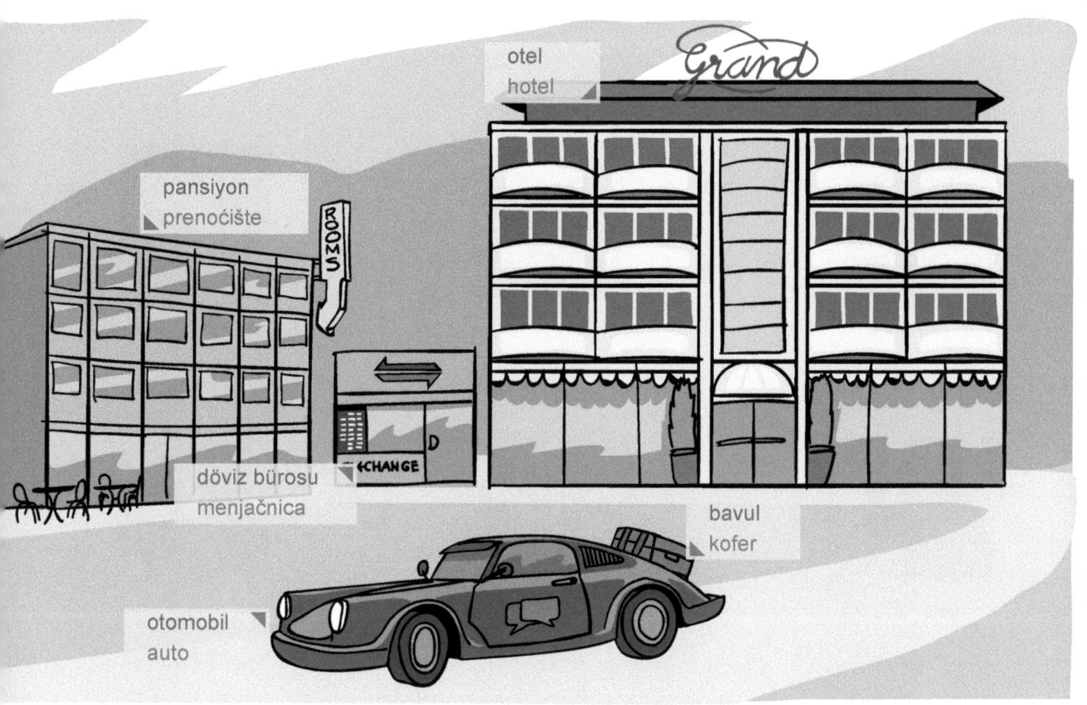

dil

jezik

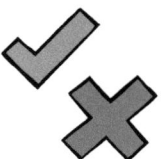

evet / hayır

da / ne

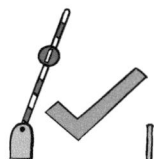

Tamam

okej

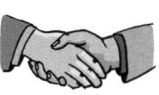

merhaba

zdravo

çevirmen

prevodilac

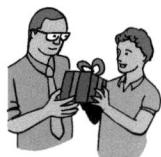

Teşekkür ederim

hvala

bu ... ne kadar?

Koliko košta...?

anlamadım

ne razumem

problem

problem

İyi akşamlar!

dobro veče!

Günaydın!

Dobro jutro!

İyi geceler!

Laku noć!

güle güle

doviđenja

yön

smer

bagaj

prtljaga

çanta

torba

sırt çantası

ruksak

misafir

gost

oda

soba

uyku tulumu

vreća za spavanje

çadır

šator

turist danışma

turističke informacije

sahil

plaža

kredi kartı

kreditna kartica

kahvaltı

doručak

öğle yemeği

ručak

akşam yemeği

večera

Bilet

karta za vožnju

asansör

lift

pul

poštanska markica

sınır

granica

gümrük

carina

elçilik

ambasada

vize

viza

pasaport

pasoš

ulaşım
transport

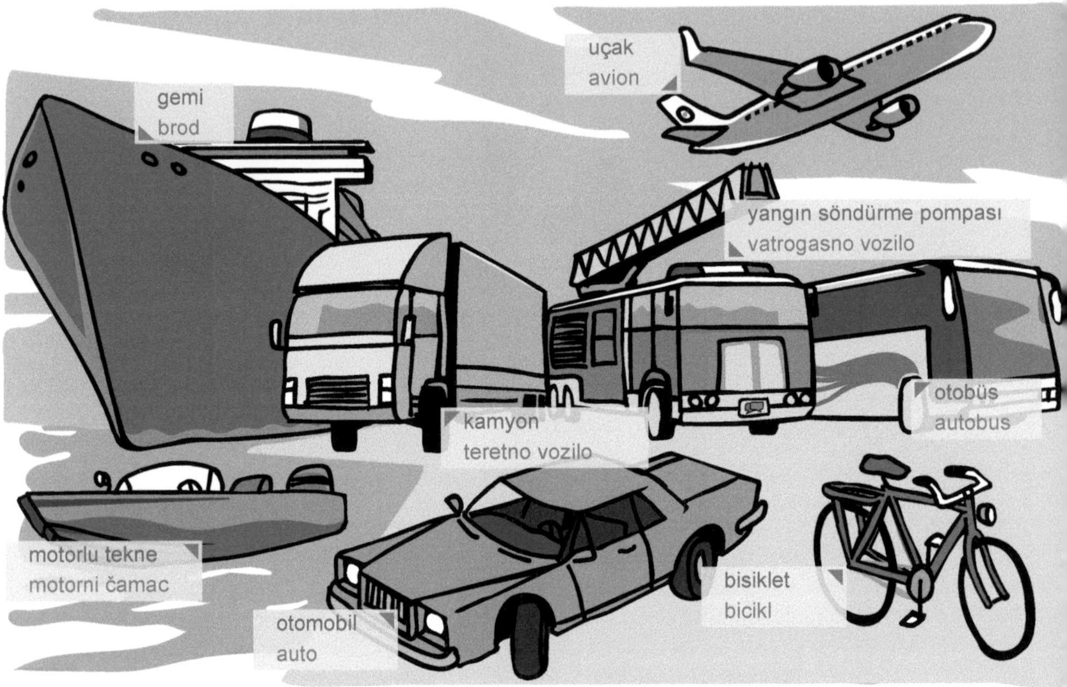
uçak
avion
gemi
brod
yangın söndürme pompası
vatrogasno vozilo
otobüs
autobus
kamyon
teretno vozilo
motorlu tekne
motorni čamac
bisiklet
bicikl
otomobil
auto

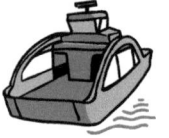

feribot

trajekt

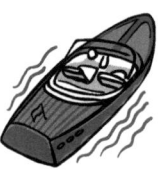

bot

čamac

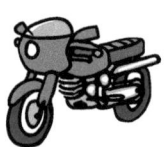

motosiklet

motocikl

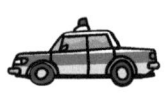

polis arabası

policijski auto

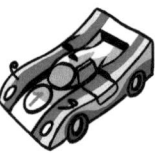

yarış arabası

trkaći auto

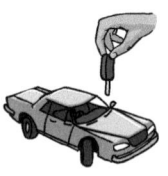

kiralık araba

iznajmljeno auto

ortak araba

delenje automobila

çekici

vučno vozilo

çöp kamyonu

vozilo za odvoz smeća

motor

motor

yakıt

benzin

benzinlik

benzinska stanica

trafik işareti

saobraćajni znak

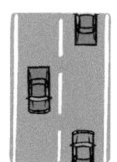

trafik

saobraćaj

trafik sıkışıklığı

zastoj

otopark

parkiralište

tren istasyonu

železnička stanica

ray

šine

tren

voz

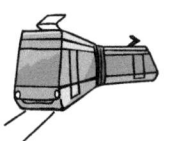

tramvay

tramvaj

vagon

vagon

helikopter
helikopter

havaalanı
aerodrom

kule
kula

yolcu
putnik

konteyner
kontejner

koli
karton

yük arabası
kolica

sepet
korpa

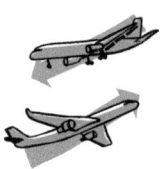

kalkış / iniş
uzleteti / sleteti

şehir
grad

köy
selo

şehir merkezi
centar grada

ev
kuća

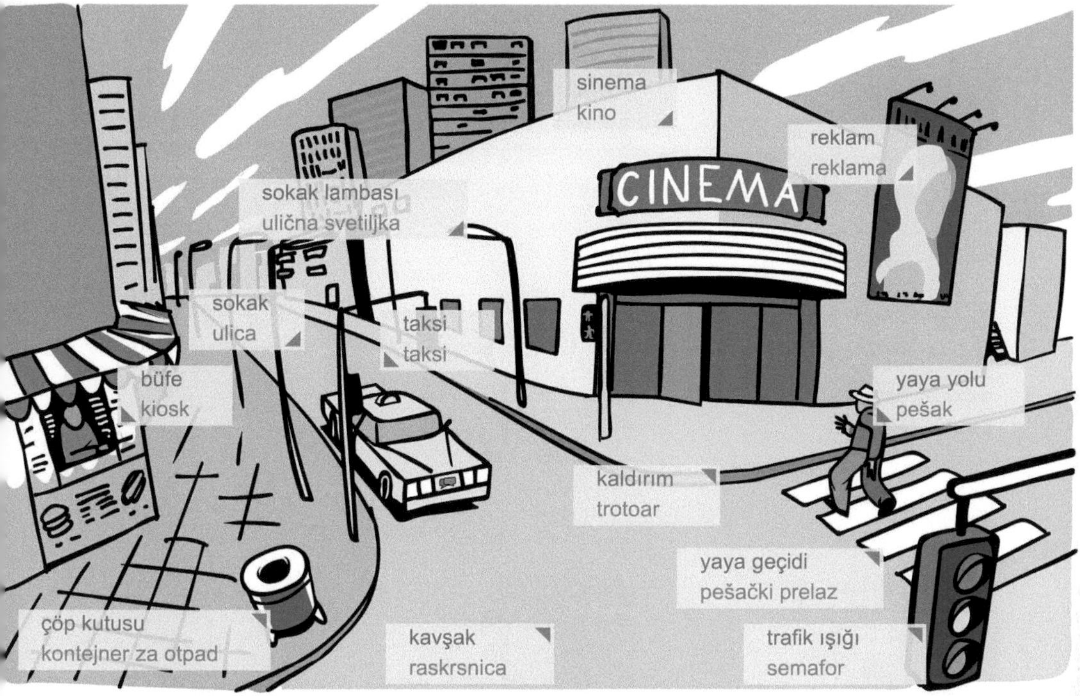

sinema / kino

reklam / reklama

sokak lambası / ulična svetiljka

sokak / ulica

taksi / taksi

büfe / kiosk

yaya yolu / pešak

kaldırım / trotoar

yaya geçidi / pešački prelaz

çöp kutusu / kontejner za otpad

kavşak / raskrsnica

trafik ışığı / semafor

kulübe
koliba

apartman dairesi
stan

tren istasyonu
železnička stanica

belediye binası
većnica

müze
muzej

okul
škola

şehir - grad

11

üniversite

univerzitet

banka

banka

hastane

bolnica

otel

hotel

eczane

apoteka

ofis

kancelarija

kitapçı

knjižara

mağaza

prodavnica

çiçekçi

cvećara

süpermarket

supermarket

market

trg

büyük mağaza

robna kuća

balık satıcısı

ribarnica

alışveriş merkezi

trgovački centar

liman

luka

park

park

bank

klupa

köprü

most

merdiven

stepenice

metro

podzemna železnica

tünel

tunel

otobüs durağı

autobuska stanica

bar

bar

restoran

restoran

posta kutusu

poštansko sanduče

sokak tabelası

ulični znak

otopark sayacı

parkirni automat

hayvanat bahçesi

zoološki vrt

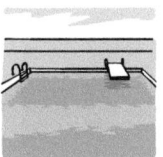

yüzme havuzu

bazen

cami

džamija

çiftlik

seosko gazdinstvo

kirlilik

zagađenje okoline

mezarlık

groblje

kilise

crkva

oyun alanı

igralište

tapınak

hram

arazi
pejsaž

yaprak
list

yön tabelası
putokaz

yol
put

çayır
livada

taş
kamen

ağaç
drvo

yürüyüşçü
šetač

ırmak
reka

çimen
trava

çiçek
cvijet

vadi
dolina

tepe
planina

göl
jezero

orman
šuma

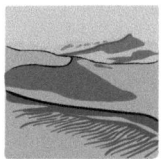

çöl
pustinja

volkan
vulkan

kale
dvorac

gökkuşağı
duga

mantar
gljiva

palmiye
palma

sivrisinek
moskito

sinek
muva

karınca
mrav

arı
pčela

örümcek
pauk

böcek

buba

kurbağa

žaba

sincap

veverica

kirpi

jež

yabani tavşan

zec

baykuş

sova

kuş

ptica

kuğu

labud

yaban domuzu

divlja svinja

geyik

jelen

geyik

los

baraj

nasip

rüzgar türbini

vetrenjača

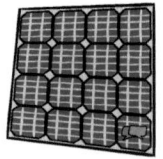

güneş paneli

solarna ploča

iklim

klima

restoran
restoran

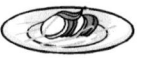

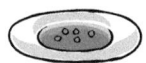

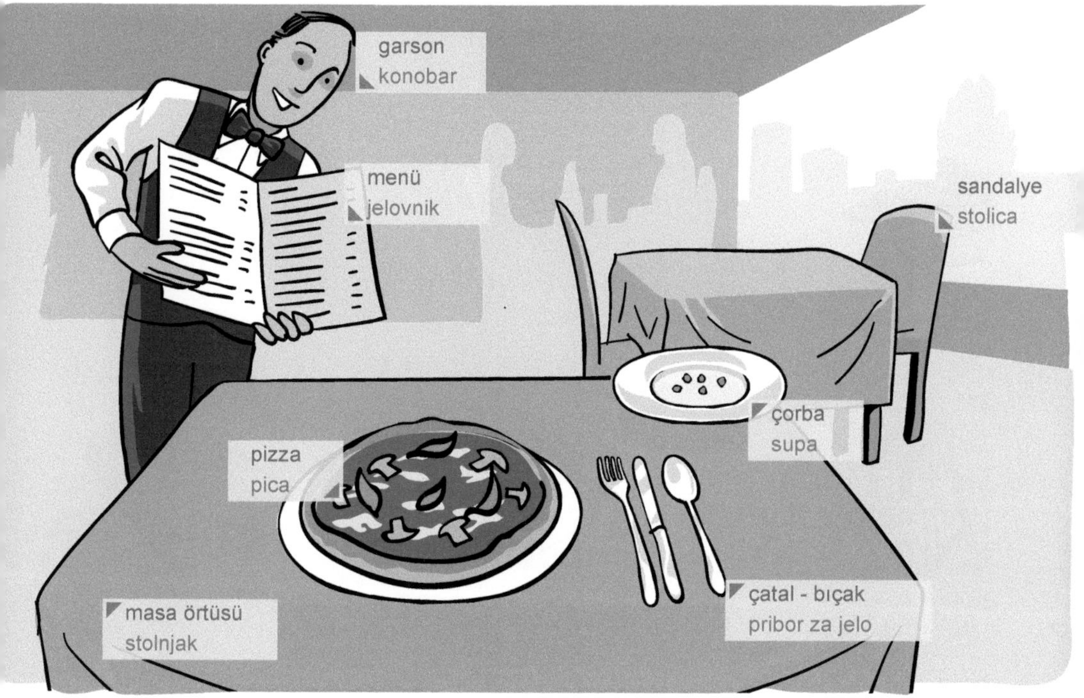
garson
konobar
menü
jelovnik
sandalye
stolica
çorba
supa
pizza
pica
çatal - bıçak
pribor za jelo
masa örtüsü
stolnjak

başlangıç

predjelo

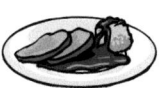

ana yemek

glavno jelo

tatlı

desert

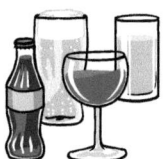

içecekler

napitci

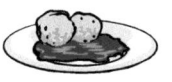

yemek

jelo

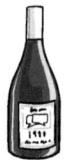

şişe

flaša

fastfood

brza hrana

sokak yemeği

imbis hrana

çaydanlık

čajnik

şekerlik

doza za šećer

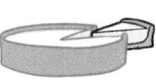

porsiyon

porcija

espresso makinesi

aparat za espresso

mama sandalyesi

visoka stolica

fatura

račun

tepsi

poslužavnik

bıçak

nož

çatal

viljuška

kaşık

kašika

çay kaşığı

čajna kašika

servis peçetesi

salveta

bardak

čaša

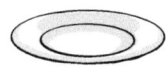

tabak
tanjir

çorba kasesi
tanjir za supu

fincan altlığı
tanjirić

sos
sos

tuzluk
soljenka

karabiber değirmeni
mlin za biber

sirke
sirće

yağ
ulje

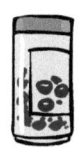

baharat
začini

ketçap
kečap

hardal
senf

mayonez
majoneza

süpermarket
supermarket

özel teklif
ponuda
FOR
müşteri
kupac
süt ürünleri
mlečni proizvodi
meyve
voće
alışveriş arabası
kolica za kupovinu

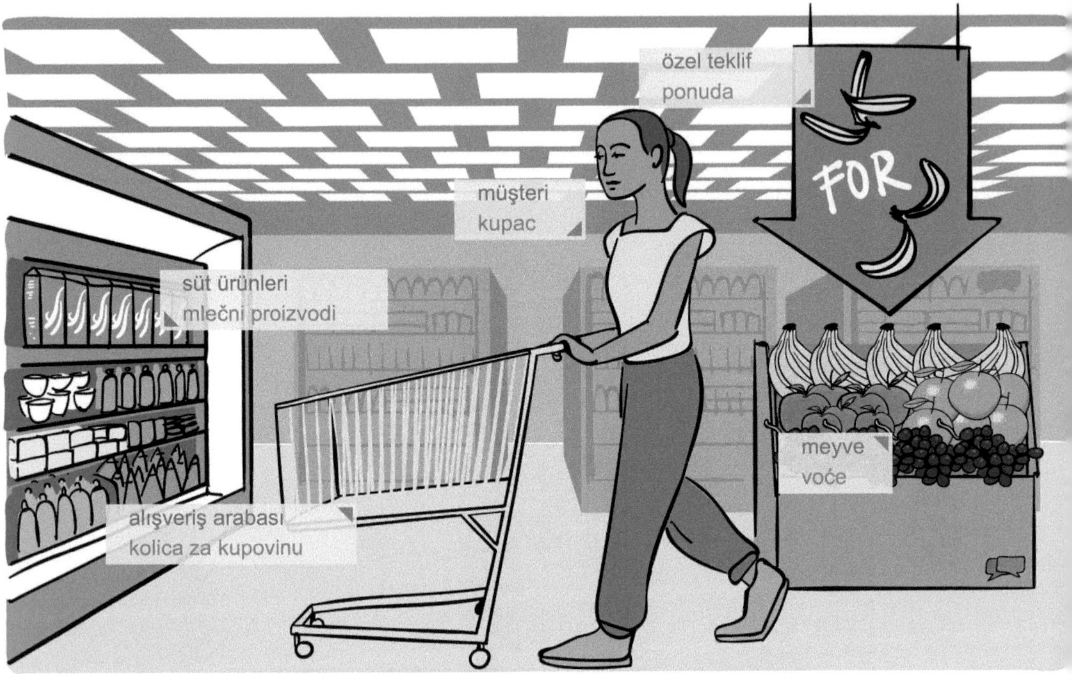

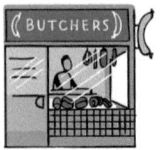

BUTCHERS

kasap

mesnica

BAKERY

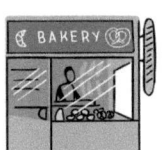

fırın

pekara

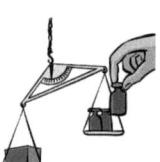

tartmak

vagati

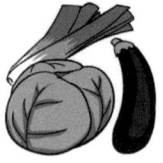

sebze

povrće

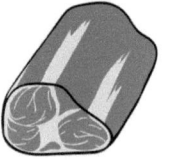

et

meso

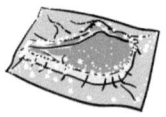

donmuş gıda

smrznuta hrana

söğüş et

narezak

konserve yiyecek

konzerve

toz deterjan

sredstvo za pranje

şekerlemeler

slatkiši

ev temizlik ürünleri

artikli za domaćinstvo

temizlik ürünleri

sredstva za čišćenje

satış görevlisi

prodavačica

yazar kasa

blagajna

kasiyer

blagajnik

alışveriş listesi

lista za kupovinu

açılış saatleri

vreme rada

cüzdan

novčanik

kredi kartı

kreditna kartica

çanta

torba

plastik poşet

plastična kesa

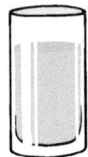

su
....
voda

meyve suyu
....
sok

süt
....
mleko

kola
....
kola

şarap
....
vino

bira
....
pivo

alkol
....
alkohol

kakao
....
kakao

çay
....
čaj

kahve
....
kava

espresso
....
espresso

kapuçino
....
cappuccino

muz

banana

elma

jabuka

portakal

narandža

kavun

lubenica

limon

limun

havuç

šargarepa

sarımsak

beli luk

bambu

bambus

soğan

luk

mantar

gljiva

çerez

orašasti plodovi

makarna

rezanci

spagetti

špagete

pirinç

riža

salata

salata

cips

pomfrit

patates kızartması

pečeni krumpir

pizza

pica

hamburger

hamburger

sandviç

sendvič

şinitzel

šnicla

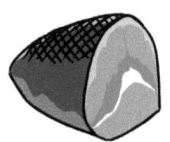

pastırma

šunka

salam

salama

sosis

kobasica

tavuk

kokoš

rosto

pečenje

balık

riba

yulaf ezmesi

zobene pahuljice

müsli

musli

mısır gevreği

kukuruzne pahuljice

un

brašno

kruvasan

kroasan

küçük ekmek

pecivo

ekmek

hleb

tost

toast

bisküvi

keksi

tereyağı

maslac

kaymak

sveži sir

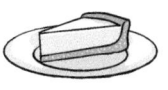

kek

kolač

yumurta

jaje

sahanda yumurta

jaje na oko

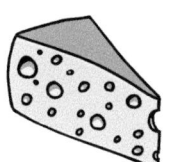

peynir

sir

dondurma

sladoled

şeker

šećer

bal

med

reçel

marmelada

fındık ezmesi

nugat krema

köri

kari

çiftlik
seosko gazdinstvo

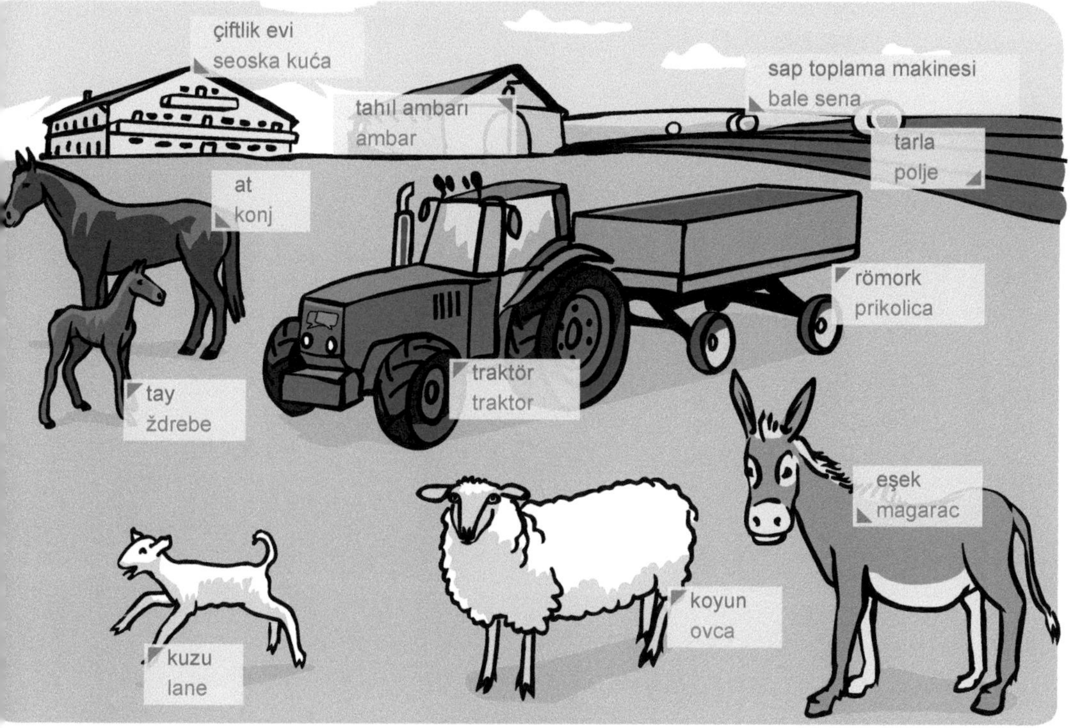

çiftlik evi
seoska kuća
tahıl ambarı
ambar
sap toplama makinesi
bale sena
tarla
polje
at
konj
römork
prikolica
traktör
traktor
tay
ždrebe
eşek
magarac
koyun
ovca
kuzu
lane

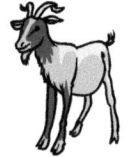

keçi

koza

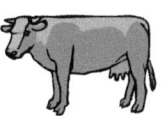

inek

krava

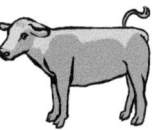

buzağı

tele

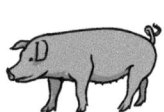

domuz

svinja

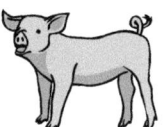

domuz yavrusu

prase

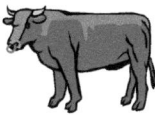

boğa

bik

kaz

guska

ördek

patka

civciv

pilići

tavuk

kokoš

horoz

petao

sıçan

pacov

kedi

mačka

fare

miš

öküz

vol

köpek

pas

köpek kulübesi

kućica za psa

bahçe hortumu

vrtno crevo

sulama kabı

kanta za polivanje

tırpan

kosa

pulluk

plug

orak
srp

çapa
motika

dirgen
viljuška za đubrivo

balta
sekira

el arabası
tačke

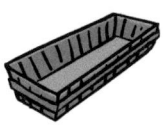

yemlik
korito

süt kovası
posuda za mleko

çuval
vreća

çit
ograda

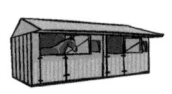

ahır
štala

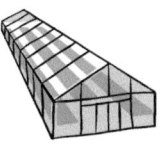

sera
staklenik

toprak
zemlja

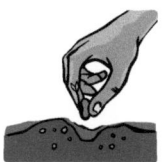

tohum
seme

gübre
đubrivo

biçerdöver
kombajn

çiftlik - seosko gazdinstvo

hasat etmek

žeti

harman

žetva

tatlı patates

jams začin

buğday

pšenica

soya

soja

patates

krumpir

mısır

kukuruz

kolza

uljana repica

meyve ağacı

voćka

manyok

gomolj manioke

hububat

žitarice

baca
dimnjak

çatı
krov

yağmur oluğu
žleb

pencere
prozor

garaj
garaža

kapı zili
zvono

kapı
vrata

çöp kutusu
korpa za otpad

posta kutusu
poštansko sanduče

bahçe
vrt

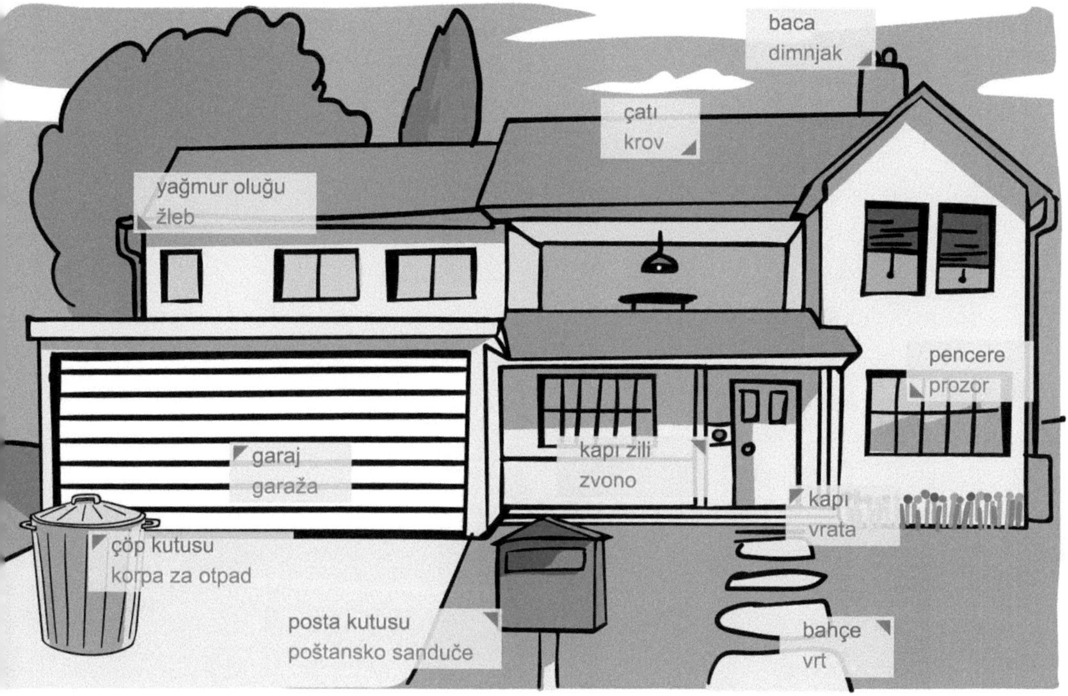

oturma odası

dnevna soba

banyo

kupaonica

mutfak

kuhinja

yatak odası

spavaća soba

çocuk odası

dečija soba

yemek odası

trpezarija

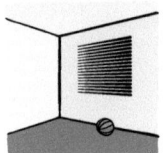

zemin

pod

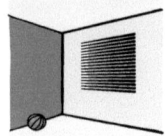

duvar

zid

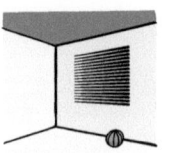

tavan

strop

kiler

podrum

sauna

sauna

balkon

balkon

teras

terasa

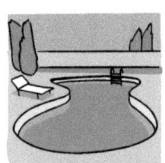

havuz

bazen

çim biçme makinesi

kosilica za travu

çarşaf

posteljina za krevet

yatak örtüsü

deka za krevet

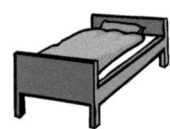

yatak

krevet

süpürge

metla

kova

kanta

anahtar

prekidač

oturma odası
dnevna soba

duvar kağıdı
tapeta
resim
slika
lamba
svetiljka
raf
regal
dolap
ormar
televizyon
televizija
şömine
kamin
çiçek
cvijet
minder
jastuk
kanepe
kauč
vazo
vaza
uzaktan kumanda
daljinski upravljač

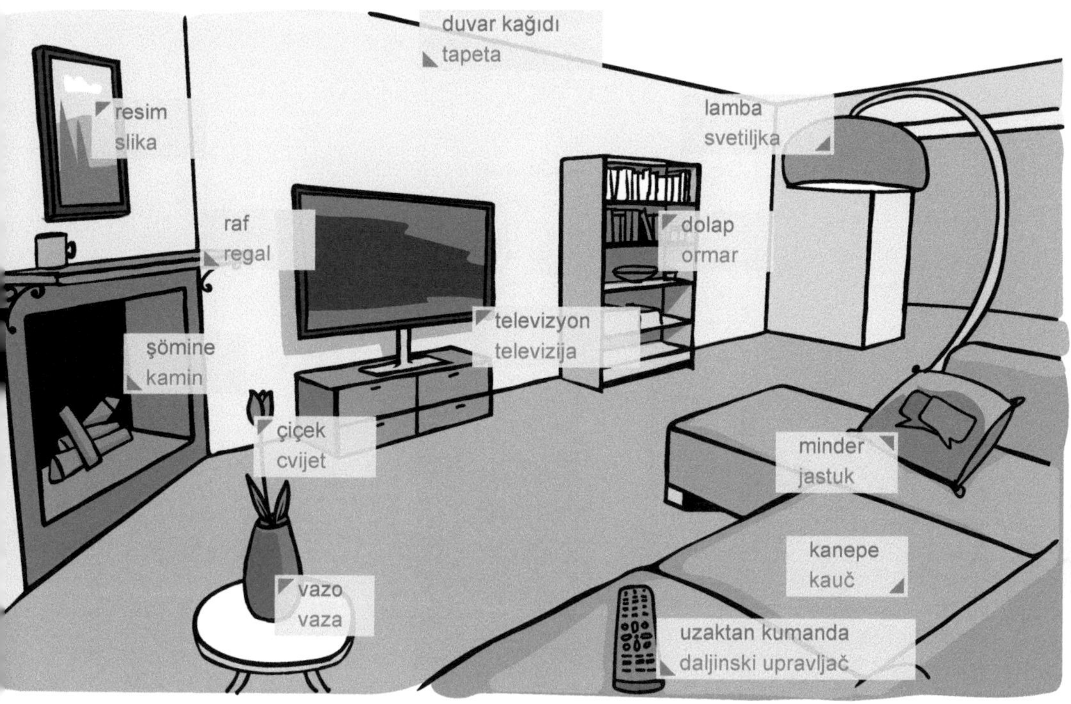

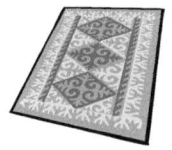

halı
tepih

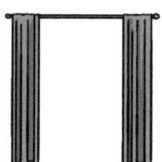

perde
zavesa

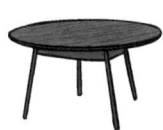

masa
sto

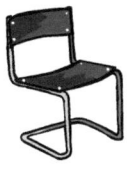

sandalye
stolica

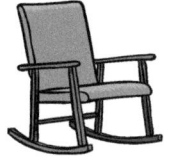

salıncaklı koltuk
stolica za njihanje

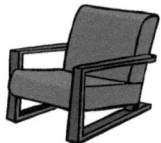

koltuk
fotelja

kitap

knjiga

battaniye

deka

dekor

dekoracija

odun

drvo za ogrev

film

film

hi-fi

hi-fi uređaj

anahtar

ključ

gazete

novine

tablo

slika na platnu

poster

poster

radyo

radio

defter

blok za pisanje

elektrikli süpürge

usisivač

kaktüs

kaktus

mum

sveća

mutfak
kuhinja

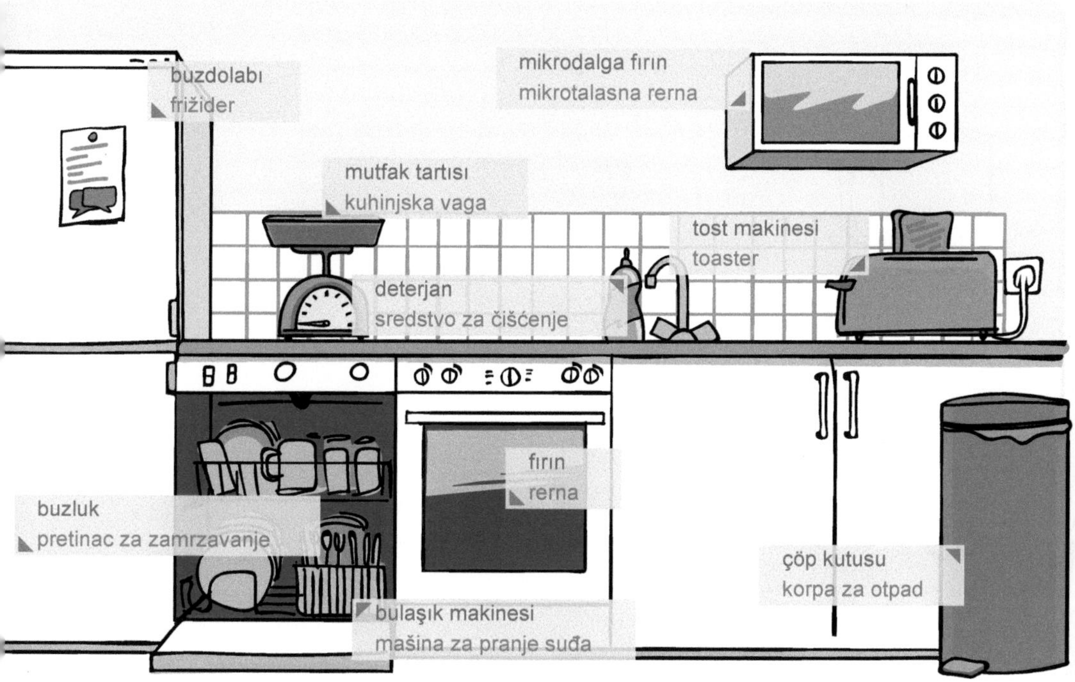
buzdolabı
frižider
mikrodalga fırın
mikrotalasna rerna
mutfak tartısı
kuhinjska vaga
tost makinesi
toaster
deterjan
sredstvo za čišćenje
fırın
rerna
buzluk
pretinac za zamrzavanje
çöp kutusu
korpa za otpad
bulaşık makinesi
mašina za pranje suđa

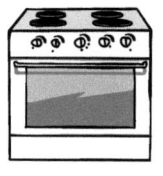

ocak

šporet

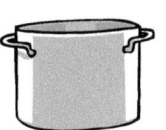

tencere

lonac

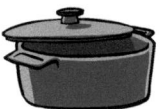

döküm tencere

gvozdeni lonac

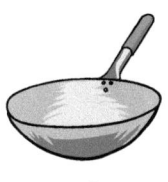

wok

wok / kadai

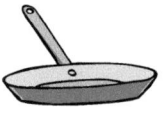

tava

tava

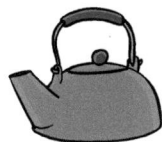

su ısıtıcı

kuvalo za vodu

buharlı pişirici

kuvalo na paru

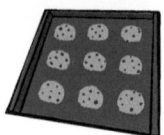

pişirme tepsisi

lim za pečenje

tabak takımı

posuđe

kupa

čaša

kase

posuda

çubuk (çin yemeği)

štapići za jelo

kepçe

kutlača

spatula

lopatica

çırpma teli

penjača

süzgeç

sito za kuvanje

elek

sito

rende

ribež

havan

mužar

barbekü

roštilj

açık ateş

ognjište

kesme tahtası
daska

merdane
oklagija

tirbüşon
vadičep

konserve kutusu
konzerva

konserve açacağı
otvarač konzervi

fırın eldiveni
krpa za lonac

evye
sudoper

fırça
četka

sünger
sunđer

blender
mikser

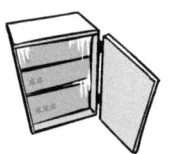

derin dondurucu
zamrzivač

biberon
flašica za bebe

musluk
slavina za vodu

banyo
kupaonica

ısıtma
grejanje
duş
tuš
havlu
peškir
duş perdesi
zavesa za tuš
köpük banyosu
penušava kupka
küvet
kada
bardak
čaša
çamaşır makinesi
mašina za pranje veša
musluk
slavina za vodu
fayans
pločice
lazımlık
tuta
evye
sudoper

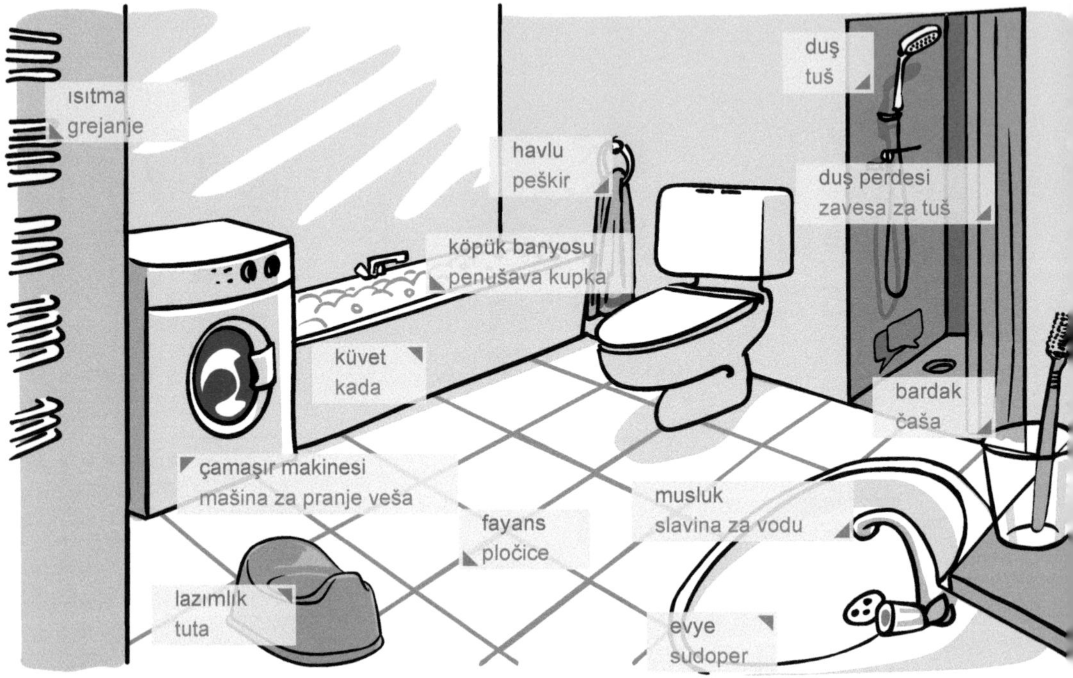

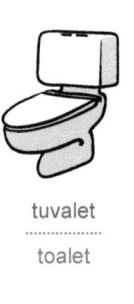

tuvalet

toalet

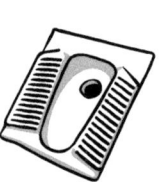

alaturka tuvalet

čučavac

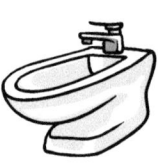

bide

bidet

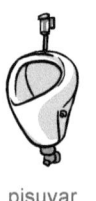

pisuvar

pisoar

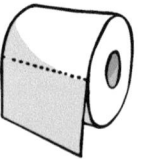

tuvalet kağıdı

toaletni papir

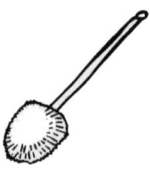

tuvalet fırçası

četka za toalet

diş fırçası

četkica za zube

diş macunu

pasta za zube

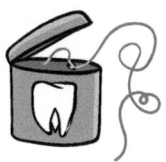

diş ipi

konac za zube

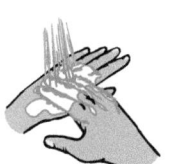

yıkamak

prati

duş başlığı

tuš ručica

duş başlığı şeklinde taharet musluğu

tuš za pranje intimnih delova

küvet

lavor

banyo fırçası

četka za pranje leđa

sabun

sapun

duş jeli

gel za tuširanje

şampuan

šampon

banyo lifi

krpa za pranje

gider

odvod

krem

krema

deodorant

dezodorans

ayna

ogledalo

el aynası

kozmetičko ogledalo

jilet

brijač

tıraş köpüğü

pena za brijanje

tıraş losyonu

losion za posle brijanja

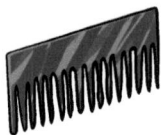

tarak

češalj

fırça

četka

saç kurutma makinesi

fen za kosu

saç spreyi

sprej za kosu

makyaj

makeup

ruj

ruž za usne

tırnak cilası

lak za nokte

pamuk

vata

tırnak makası

makaze za nokte

parfüm

parfem

makyaj çantası

kozmetička torbica

tabure

stolica

tartı

vaga

bornoz

ogrtač

lastik eldiven

rukavice za čišćenje

tampon

tampon

kadın pedi

uložak

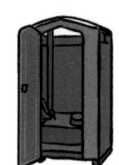

kimyevi tuvalet

hemijski toalet

çocuk odası
dečija soba

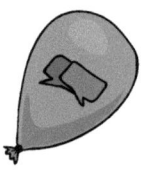

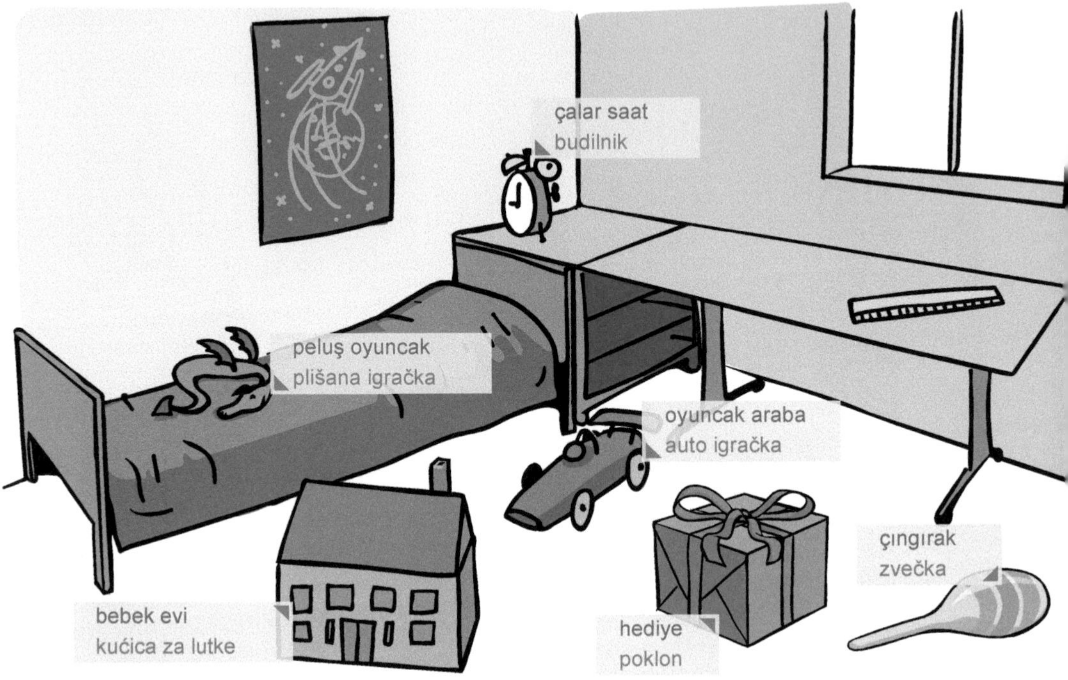

çalar saat
budilnik
peluş oyuncak
plišana igračka
oyuncak araba
auto igračka
çıngırak
zvečka
bebek evi
kućica za lutke
hediye
poklon

balon
balon

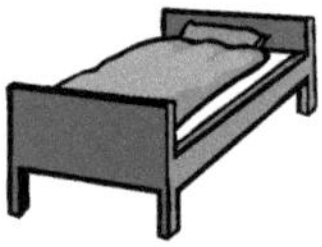

yatak
krevet

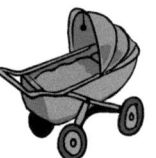

bebek arabası
dječija kolica

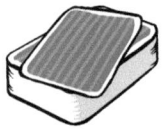

kart destesi
igra s kartama

yapboz
slagalica

SUPER MEGA

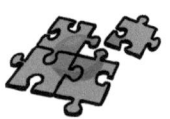

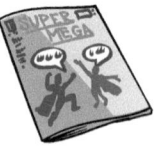

çizgi roman
strip

lego tuğlaları

lego kockice

lego blokları

kockice za slaganje

aksiyon figürü

akcioni junak

zıbın

benkica za bebe

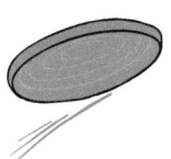

frizbi

frizbi

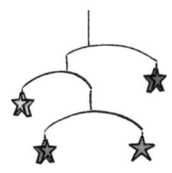

dönence

viseće igračke

masa oyunu

društvene igre

zar

kocka

model tren seti

minijaturna željeznica

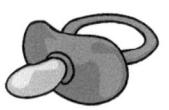

emzik

duda

parti

zabava

resimli kitap

slikovnica

top

lopta

oyuncak bebek

lutka

oynamak

igrati

kum havuzu

pješčanik

salıncak

ljuljačka

oyuncaklar

igračka

video oyun konsolu

konzola za igre

üç tekerlekli bisiklet

tricikl

oyuncak ayı

tedi

gardırop

ormar

kıyafet

odeća

çorap

kratke čarape

külotlu çorap

čarape

tayt

hulahopke

eşarp
šal

şemsiye
kišobran

kemer
kaiš

tişört
majica

bot
čizme

terlik
papuče

spor ayakkabı
patike

sandalet
························
sandale

ayakkabı
·················
cipele

lastik çizme
·················
gumene čizme

külot
·················
gaćice

sütyen
·················
grudnjak

yelek
·················
potkošulja

kıyafet - odeća

45

dar bluz

bodi

pantolon

pantalone

kot pantolon

farmerke

etek

suknja

bluz

bluza

gömlek

košulja

kazak

džemper

süveter

džemper s kapuljačom

blazer

sako

ceket

jakna

mont

kaput

yağmurluk

kabanica

kostüm

kostim

elbise

haljina

gelinlik

venčanica

takım elbise

odelo

gecelik

spavaćica

pijama

pidžama

sari

sari

baş örtüsü

marama za glavu

türban

turban

burka

burka

kaftan

kaftan

çarşaf

abaja

mayo

kupaći kostim

erkek mayosu

kupaće gaćice

şort

kratke pantalone

eşofman

odeća za trening

önlük

kecelja

eldiven

rukavice

düğme

dugme

gözlük

naočare

bilezik

narukvica

kolye

ogrlica

yüzük

prsten

küpe

naušnica

kep

kapa

portmanto

vešalica

şapka

šešir

kravat

kravata

fermuar

patent zatvarač

kask

kaciga

pantolon askısı

naramenice

okul forması

školska uniforma

üniforma

uniforma

mama önlüğü
podbradak

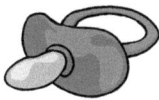

emzik
duda

bebek bezi
pelena

ofis
kancelarija

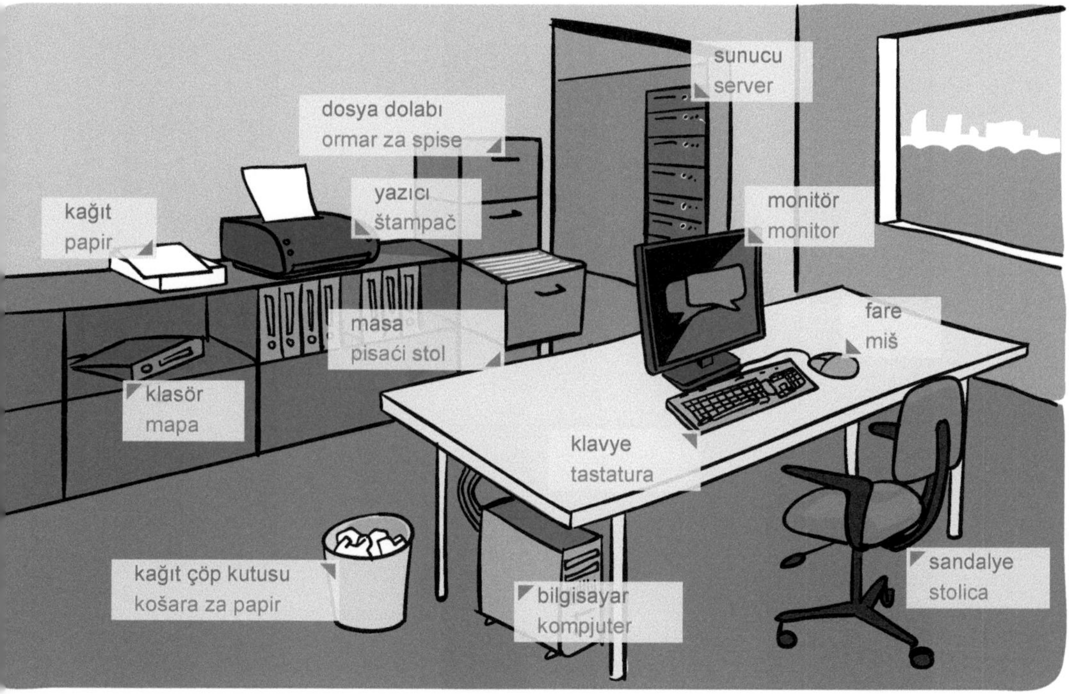

sunucu
server

dosya dolabı
ormar za spise

yazıcı
štampač

monitör
monitor

kağıt
papir

masa
pisaći stol

fare
miš

klasör
mapa

klavye
tastatura

kağıt çöp kutusu
košara za papir

sandalye
stolica

bilgisayar
kompjuter

kahve fincanı
šalica za kavu

hesap makinesi
kalkulator

internet
internet

dizüstü

laptop

mektup

pismo

mesaj

poruka

cep telefonu

mobilni telefon

ağ

mreža

fotokopi makinesi

uređaj za kopiranje

yazılım

softver

telefon

telefon

priz

utičnica

faks makinesi

faks

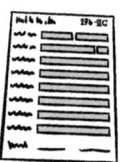

form

formular

belge

dokument

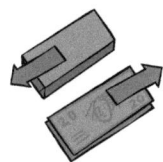

satın almak

kupovati

ödemek

platiti

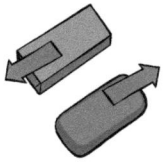

ticaret yapmak

trgovati

para

novac

dolar

dolar

avro

evro

yen

jen

ruble

rublja

İsviçre frangı

švajcarski franak

Çin yuanı

renmindbi juan

rupi

rupija

kasa

automat za novac

döviz bürosu

menjačnica

altın

zlato

gümüş

srebro

petrol

nafta

enerji

energija

fiyat

cena

kontrat

ugovor

vergi

porez

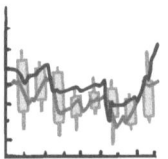

menkul değer

deonica

çalışmak

raditi

işveren

službenik

işçi

poslodavac

fabrika

fabrika

mağaza

prodavnica

meslekler
zanimanja

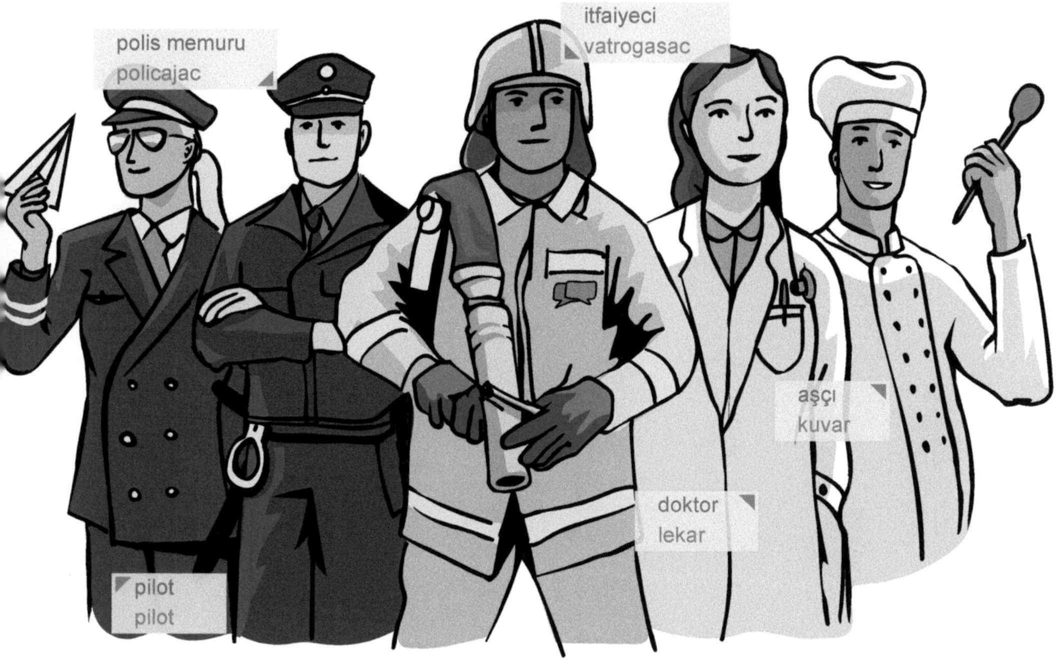
polis memuru
policajac
itfaiyeci
vatrogasac
aşçı
kuvar
doktor
lekar
pilot
pilot

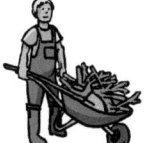

bahçıvan

vrtlar

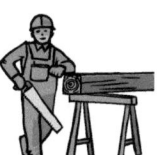

marangoz

stolar

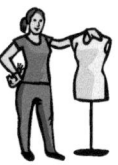

terzi

krojačica

hakim

sudija

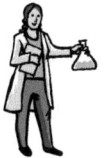

kimyager

hemičar

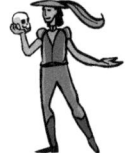

aktör

glumac

otobüs şoförü

vozač autobusa

taksi şoförü

vozač taksija

balıkçı

ribar

temizlikçi

čistačica

çatı ustası

krovopokrivač

garson

konobar

avcı

lovac

boyacı

slikar

fırıncı

pekar

elektrikçi

električar

inşaatçı

građevinski radnik

mühendis

inženjer

kasap

mesar

muslukçu

limar

postacı

poštar

asker
vojnik

mimar
arhitekta

kasiyer
blagajnik

çiçekçi
cvećar

kuaför
frizer

kondüktör
kondukter

tamirci
mehaničar

kaptan
kapetan

dişçi
zubar

bilim insanı
naučnik

haham
rabi

imam
imam

keşiş
monah

rahip
svećenik

aletler
alati

penseler
klešta
çekiç
čekić
tornavida
odvijač
el feneri
džepna lampa
İngiliz anahtarı
ključ za zavrtnje

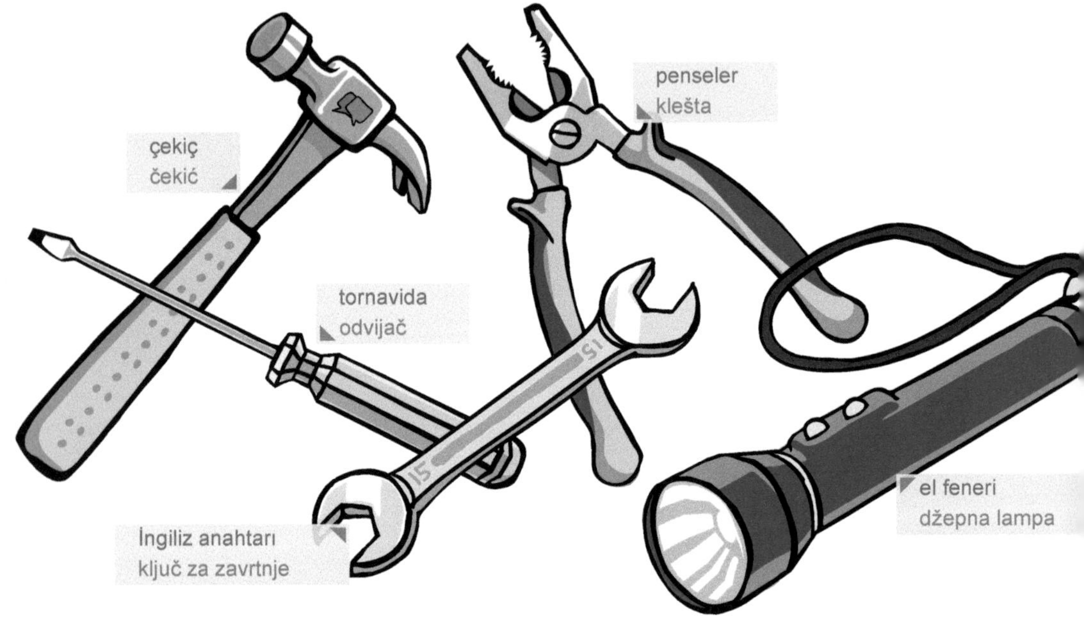

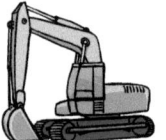

kazı makinesi

bager

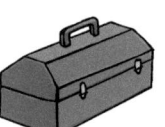

alet çantası

kutija za alat

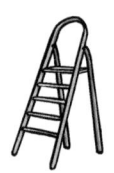

merdiven

merdevine

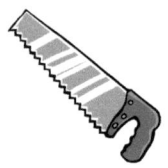

testere

pila

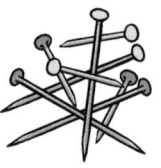

çiviler

ekser

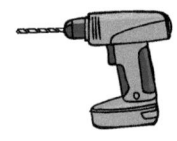

matkap

bušilica

tamir etmek
....
popraviti

kürek
....
lopata

Kahretsin!
....
do đavola!

faraş
....
lopatica

boya tenekesi
....
lonac za boju

vidalar
....
zavrtanji

müzik enstrümanı
muzički instrument

bateri seti
bubnjevi

hoparlör
zvučnik

gitar
gitara

kontrbas
kontrabas

trompet
truba

piyano

klavir

keman

violina

basgitar

bas

timpani

timpani

bateri

udaraljke za bubnjeve

klavye

tipke klavira

saksafon

saksofon

flüt

flauta

mikrofon

mikrofon

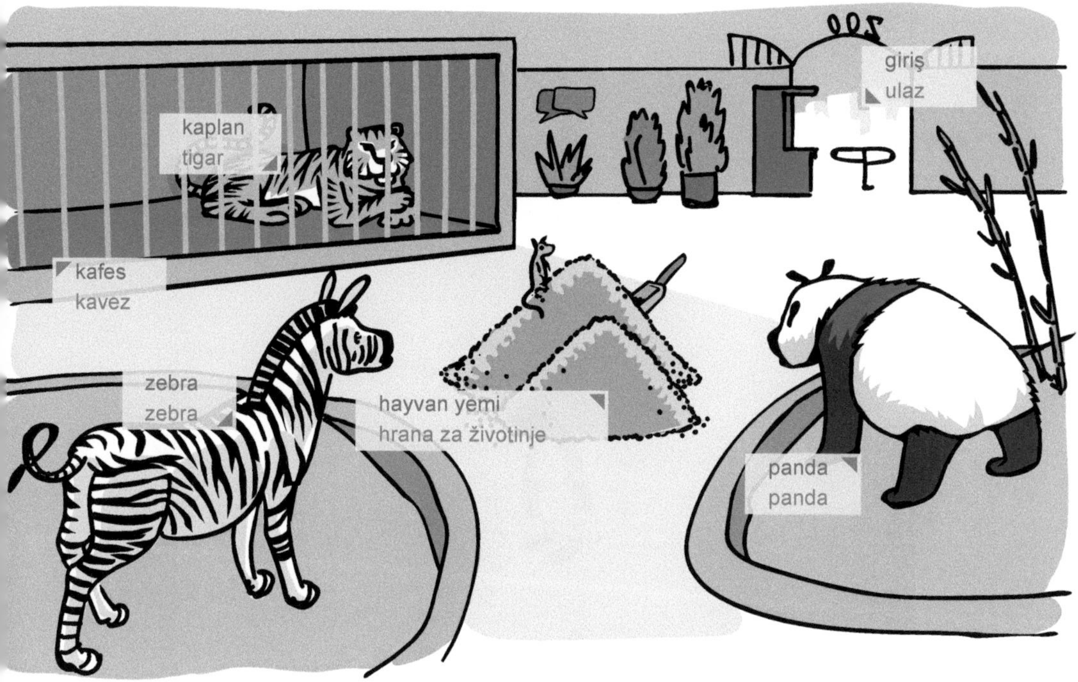

kaplan
tigar

giriş
ulaz

kafes
kavez

zebra
zebra

hayvan yemi
hrana za životinje

panda
panda

hayvanlar

životinje

fil

slon

kanguru

kengur

gergedan

nosorog

goril

gorila

ayı

medved

deve

kamila

deve kuşu

noj

aslan

lav

maymun

majmun

flamingo

flamingo

papağan

papagaj

kutup ayısı

polarni medved

penguen

pingvin

köpek balığı

ajkula

tavus kuşu

paun

yılan

zmija

timsah

krokodil

hayvanat bahçesi görevlisi

čuvar u zoološkom vrtu

fok

tuljan

jaguar

jaguar

midilli atı

poni

leopar

leopard

su aygırı

nilski konj

zürafa

žirafa

kartal

orao

yaban domuzu

divlja svinja

balık

riba

kaplumbağa

kornjača

mors

morž

tilki

lisica

ceylan

gazela

amerikan futbolu
američki nogomet

bisiklete binme
biciklizam

tenis
tenis

basketbol
košarka

yüzme
plivanje

boks
boks

buz hokeyi
hokej na ledu

futbol
fudbal

badminton
badminton

atletizm
atletika

hentbol
rukomet

kayak
skijanje

polo
polo

etkinlikler
aktivnosti

atlamak
skočiti
sarılmak
zagrliti
gülmek
smejati se
yürümek
ići
söylemek
pevati
hayal etmek
sanjati
dua etmek
moliti se
öpmek
poljubiti

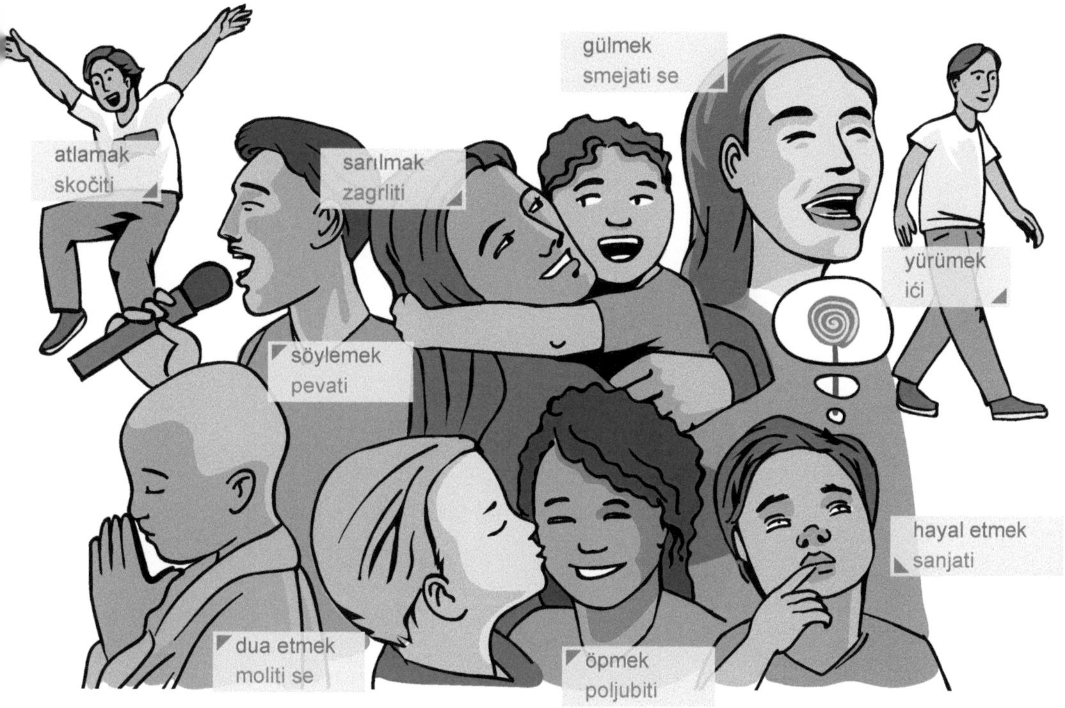

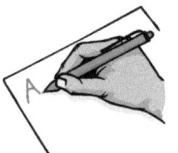

yazmak

pisati

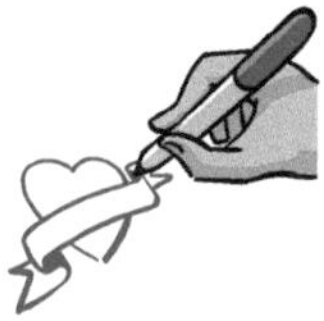

çizmek

crtati

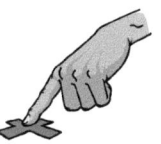

göstermek

pokazati

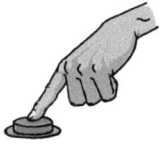

itmek

gurati

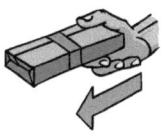

vermek

dati

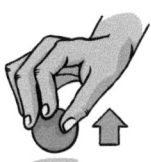

almak

uzeti

sahip olmak
imati

yapmak
činiti

olmak
biti

ayakta durmak
stojati

koşmak
trčati

çekmek
povlačiti

atmak
baciti

düşmek
padati

yalan söylemek
ležati

beklemek
čekati

taşımak
nositi

oturmak
sediti

giyinmek
oblačiti

uyumak
spavati

uyanmak
probuditi se

bakmak

gledati

ağlamak

plakati

vurmak

milovati

taramak

češljati

konuşmak

govoriti

anlamak

razumeti

sormak

pitati

dinlemek

slušati

içmek

piti

yemek

jesti

düzenlemek

pospremiti

sevmek

voleti

pişirmek

kuhati

sürmek

voziti

uçmak

leteti

denize açılmak

ploviti

hesapla

računati

okumak

čitati

öğrenmek

učiti

çalışmak

raditi

evlenmek

včenčati se

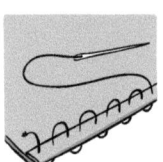

dikmek

šiti

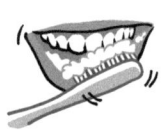

diş fırçalamak

prati zube

öldürmek

ubiti

sigara içmek

pušiti

yollamak

poslati

büyükanne
baka

büyükbaba
deda

baba
otac

anne
majka

bebek
beba

kız
kćerka

oğul
sin

misafir

gost

teyze

tetka

amca

ujak, stric

erkek kardeş

brat

kız kardeş

sestra

vücut

telo

alın
čelo
göz
oko
omuz
rame
parmak
prst
yüz
lice
çene
brada
el
ruka
bacak
noga
göğüs
grudi
kol
ruka

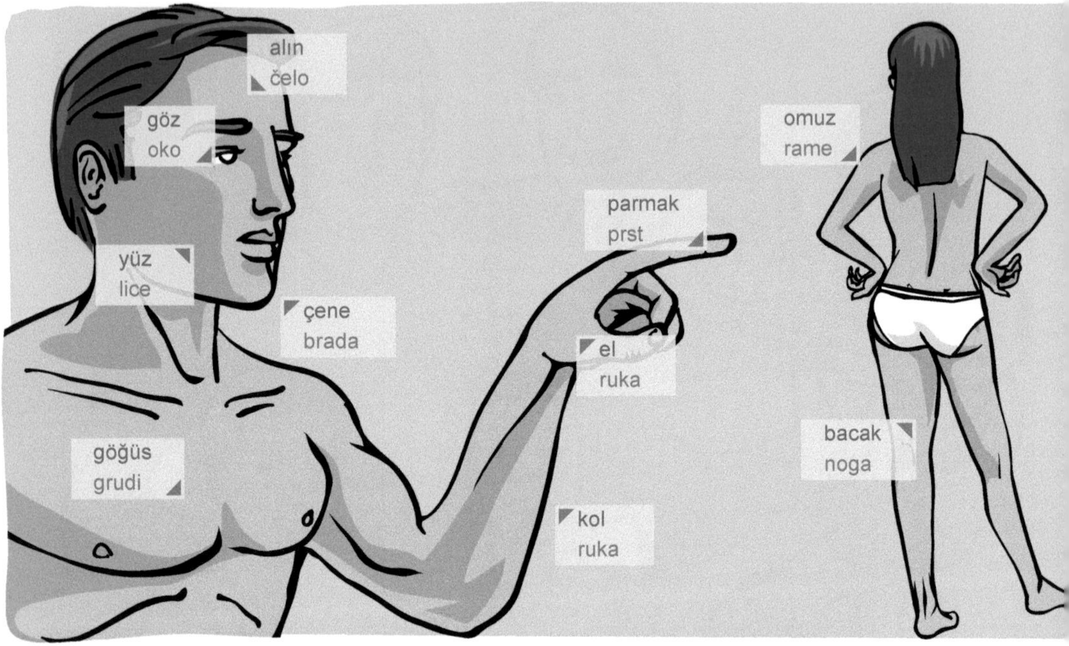

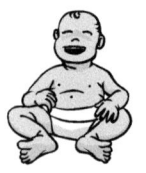

bebek

beba

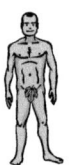

adam

muškarac

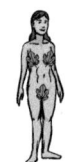

kadın

žena

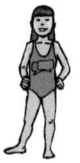

kız

devojčica

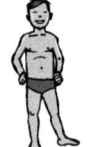

erkek çocuk

dečak

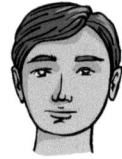

baş

glava

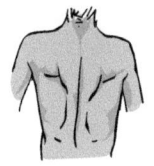

sırt
leđa

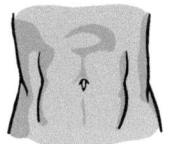

karın
stomak

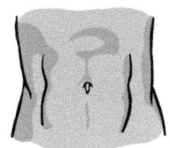

göbek
pupak

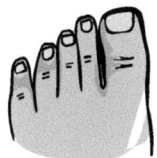

ayak parmağı
nožni prst

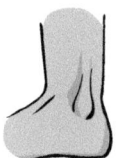

topuk
peta

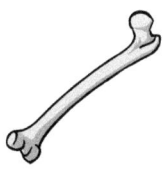

kemik
kost

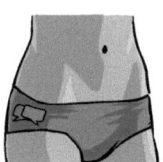

kalça
kukovi

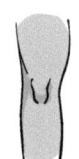

diz
koleno

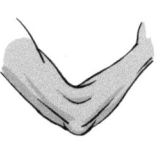

dirsek
lakat

burun
nos

kalça
zadnjica

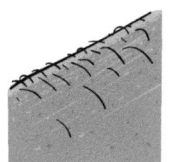

deri
koža

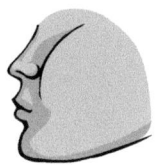

yanak
obraz

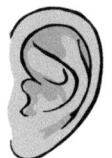

kulak
uvo

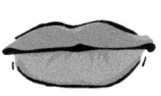

dudak
usna

ağız

usta

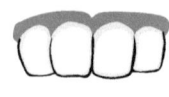

diş

zub

dil

jezik

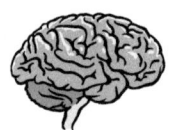

beyin

mozak

kalp

srce

kas

mišić

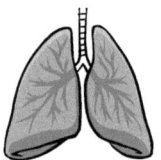

akciğer

pluća

karaciğer

jetra

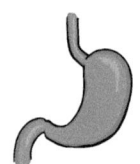

mide

želudac

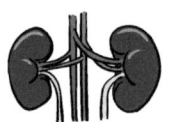

böbrekler

bubrezi

seks

polni odnos

prezervatif

kondom

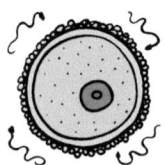

yumurtalık

jajna ćelija

sperm

sperma

hamilelik

trudnoća

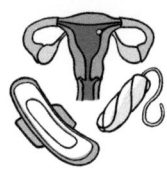

regl
menstruacija

vajina
vagina

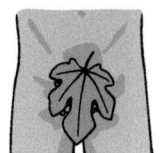

penis
penis

kaş
obrva

saç
kosa

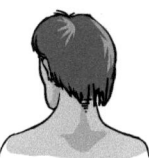

boyun
vrat

hastane
bolnica

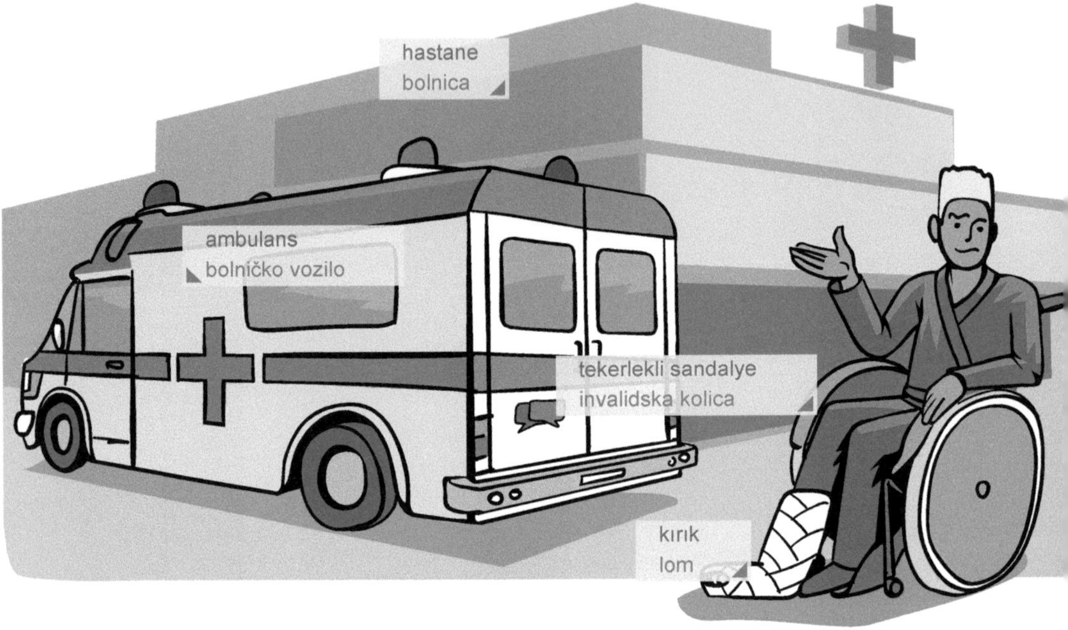

hastane
bolnica
ambulans
bolničko vozilo
tekerlekli sandalye
invalidska kolica
kırık
lom

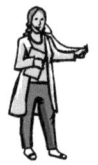

doktor

lekar

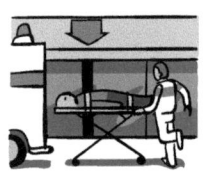

acil servis

hitna medicinska služba

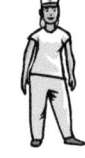

hemşire

medicinska sestra

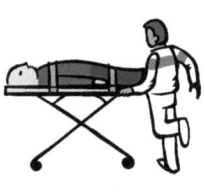

acil

hitni slučaj

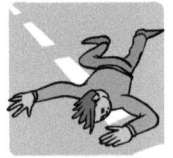

baygın

nesvest

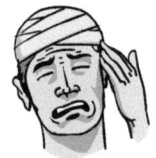

acı

bol

yaralanma

povreda

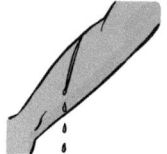

kanama

krvarenje

kalp krizi

srčani udar

felç

udar

alerji

alergija

öksürük

kašalj

ateş

groznica

grip

gripa

ishal

proliv

baş ağrısı

glavobolja

kanser

rak

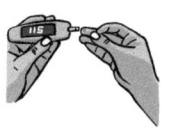

şeker hastalığı

dijabetes

cerrah

hirurg

neşter

skalpel

operasyon

operacija

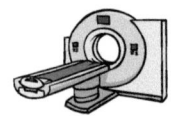

bilgisayarlı tomografi

ct

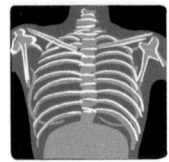

röntgen

rentgen

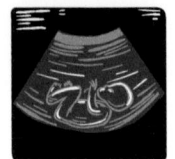

ultrason

ultrazvuk

yüz maskesi

maska

hastalık

bolest

bekleme odası

čekaona

koltuk değneği

štaka

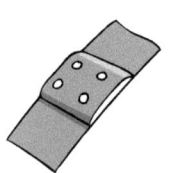

yara bandı

flaster

bandaj

zavoj

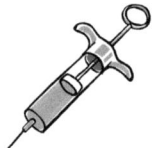

enjeksiyon

injekcija

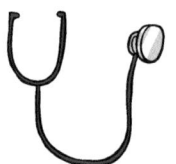

steteskop

stetoskop

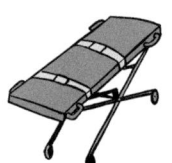

sedye

nosila

tıbbi termometre

termometar

doğum

rođenje

fazla kilo

prekomerna težina

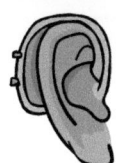

işitme cihazı

slušni aparat

dezenfektan

sredstvo za dezinfekciju

enfeksiyon

infekcija

virüs

virus

HIV / AIDS

HIV / AIDS

ilaç

medicina

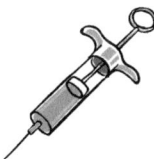

aşı

vakcinacija

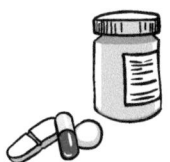

tablet

tablete

hap

pilula

acil çağrı

hitni poziv

tansiyon aleti

uređaj za merenje pritiska

hasta / sağlıklı

bolesno / zdravo

İmdat!

pomoć!

alarm

alarm

darp

nasrtaj

saldırı

napad

tehlike

opasnost

acil çıkış

izlaz u slučaju nužde

Yangın!

požar!

yangın tüpü

protivpožarni aparat

kaza

nezgoda

ilk yardım çantası

kutija prve pomoći

imdat

sos

polis

policija

Avrupa

Evropa

Kuzey Amerika

Severna Amerika

Güney amerika

Južna Amerika

Afrika

Afrika

Asya

Azija

Avustralya

Australija

Atlantik

Atlantik

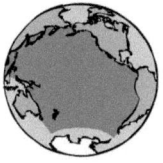

Pasifik

Pacifik

Hint Okyanusu

Indijski okean

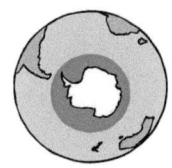

Antarktika Okyanusu

Antarktički okean

Arktik Okyanusu

Arktički ocean

Kuzey Kutbu

Severni pol

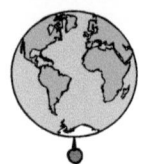

Güney Kutbu

Južni pol

Antarktika

Antarktik

dünya

zemlja

kara

zemlja

deniz

more

ada

otok

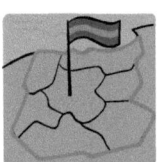

ulus

nacija

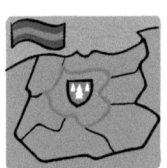

ülke

država

kadran

brojčanik sata

akrep

satna kazaljka

yelkovan

minutna kazaljka

saniye ibresi

sekundna kazaljka

Saat kaç?

Koliko je sati?

gün

dan

zaman

vreme

şimdi

sada

dijital saat

digitalni sat

dakika

minuta

saat

čas

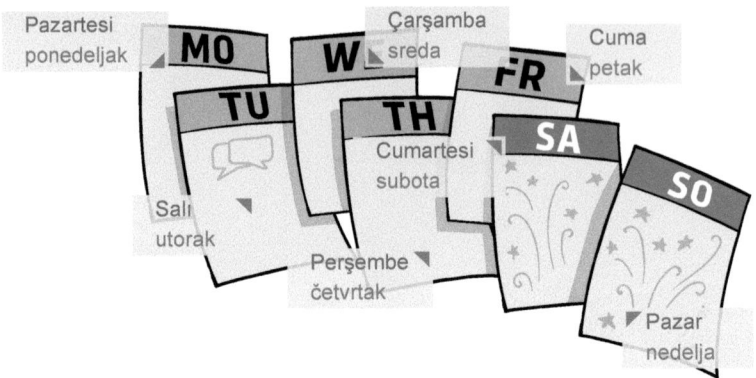

Pazartesi
ponedeljak — MO

Çarşamba
sreda — W

Cuma
petak — FR

TU

TH

SA

Salı
utorak

Cumartesi
subota

SO

Perşembe
çetvrtak

Pazar
nedelja

dün
....
juče

bugün
....
danas

yarın
....
sutra

sabah
....
jutro

öğle
....
podne

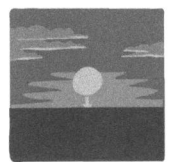

akşam
....
veče

iş günleri
....
radni dani

hafta sonu
....
vikend

yıl
godina

gökkuşağı
duga
yağmur
kiša
kara
sneg
rüzgar
vetar
bahar
proleće
sonbahar
jesen
yaz
leto
kış
zima

4.APRIL 11°
5.APRIL 4°
6.APRIL 13°
7.APRIL 8°
8.APRIL 10°

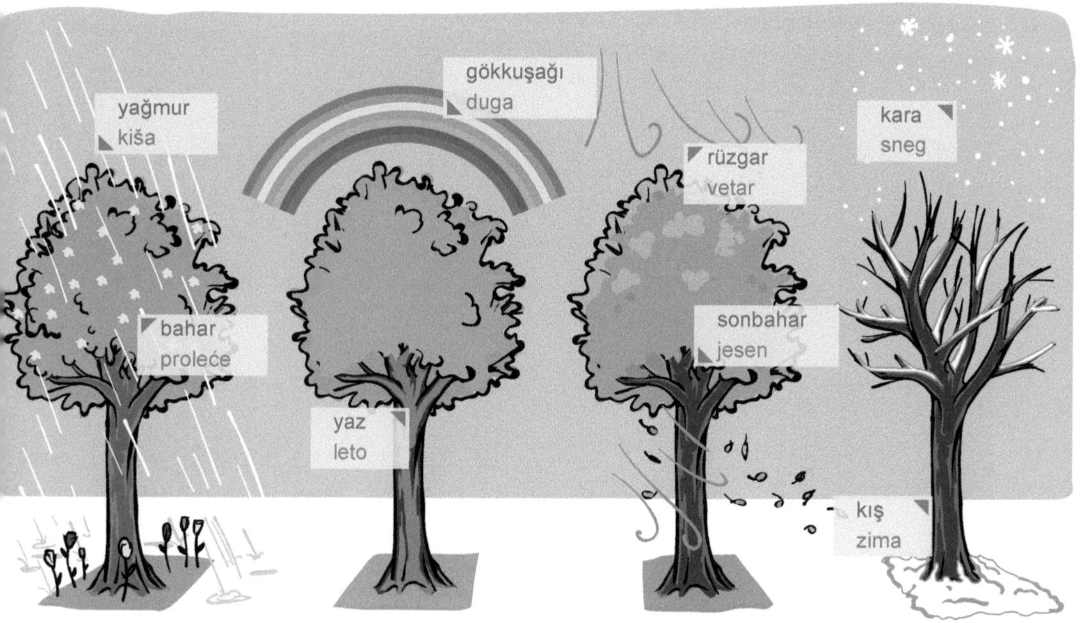

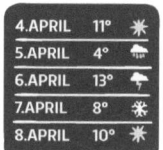

hava durumu tahmini

meteorološka prognoza

F C
120 40
90 30
60 20
30 10
0 0
-30 -10
-20

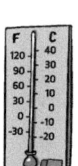

termometre

termometar

güneş ışığı

sunčana svetlost

bulut

oblak

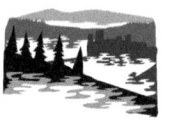

sis

magla

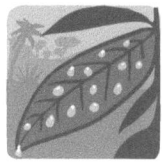

nem

vlažnost vazduha

şimşek

munja

gök gürültüsü

grmljavina

fırtına

oluja

dolu

tuča

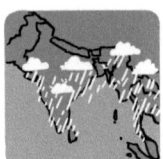

muson

monsun

sel

poplava

buz

led

Ocak

januar

Şubat

februar

Mart

mart

Nisan

april

Mayıs

maj

Haziran

juni

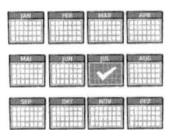

Temmuz

juli

Ağustos

avgust

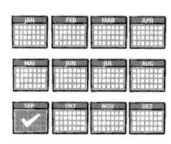

Eylül
....
septembar

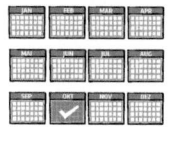

Ekim
....
oktobar

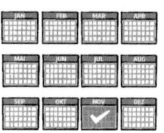

Kasım
....
novembar

Aralık
....
decembar

daire
....
krug

kare
....
kvadrat

dikdörtgen
....
pravougao

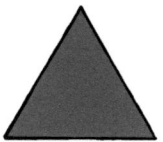

üçgen
....
trougao

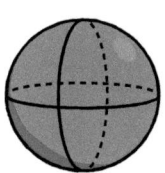

küre
....
kugla

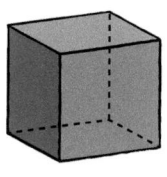

küp
....
kocka

beyaz

bela

sarı

žuta

turuncu

narandžasta

pembe

ružičasta

kırmızı

crvena

mor

ljubičasta

mavi

plava

yeşil

zelena

kahverengi

smeđa

gri

siva

siyah

crna

çok / az

mnogo / malo

kızgın / sakin

ljutito / mirno

güzel / çirkin

lepo / ružno

başlangıç / son

početak / kraj

büyük / küçük

veliko / maleno

parlak / karanlık

svetlo / tamno

erkek kardeş / kız kardeş

brat / sestra

temiz / kirli

čisto / prljavo

tamam / eksik

potpuno / nepotpuno

gün / gece

dan / noć

ölü / canlı

mrtvo / živo

geniş / dar

široko / usko

yenilebilir / yenilemez

jestivo / nejestivo

kötü / iyi

zlo / dobro

heyecanlı / sıkılmış

uzbuđeno / dosadno

şişman / zayıf

debelo / mršavo

ilk / son

na početku / na kraju

dost / düşman

prijatelj / neprijatelj

dolu / boş

puno / prazno

sert / yumuşak

tvrdo / mekano

ağır / hafif

teško / lagano

açlık / susuzluk

glad / žeđ

hasta / sağlıklı

bolesno / zdravo

yasa dışı / yasal

ilegalno / legalno

zeki / aptal

pametno / glupo

sol / sağ

levo / desno

yakın / uzak

blizu / daleko

yeni / kullanılmış

novo / polovno

hiçbir şey / bir şey

ništa / nešto

yaşlı / genç

staro / mlado

açma / kapama

uključeno / isključeno

açık / kapalı

otvoreno / zatvoreno

sessiz / gürültülü

tiho / glasno

zengin / fakir

bogato / siromašno

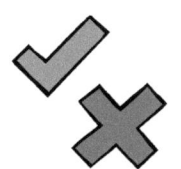

doğru / yanlış

tačno / pogrešno

pürüzlü / düz

hrapavo / glatko

üzgün / mutlu

tužno / sretno

kısa / uzun

kratko / dugo

yavaş / hızlı

polako / brzo

ıslak / kuru

mokro / suho

sıcak / serin

toplo / hladno

savaş / barış

rat / mir

0	**1**	**2**
sıfır	bir	iki
nula	jedan	dva

3	**4**	**5**
üç	dört	beş
tri	četiri	pet

6	**7**	**8**
altı	yedi	sekiz
šest	sedam	osam

9	**10**	**11**
dokuz	on	on bir
devet	deset	jedanaest

12

on iki

dvanaest

13

on üç

trinaest

14

on dört

četrnaest

15

on beş

petnaest

16

on altı

šestnaest

17

on yedi

sedamnaest

18

on sekiz

osamnaest

19

on dokuz

devetnaest

20

yirmi

dvadeset

100

yüz

stotinu

1.000

bin

hiljadu

1.000.000

milyon

milion

İngilizce

engleski

Amerikan İngilizcesi

američki engleski

Çince (Mandarin)

mandarinski kineski

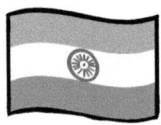

Hintçe

hindski

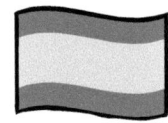

İspanyolca

španski

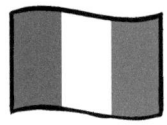

Fransızca

francuski

Arapça

arapski

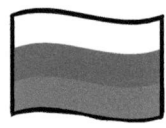

Rusça

ruski

Portekizce

portugalski

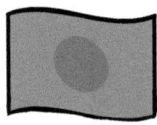

Bengalce

bengalski

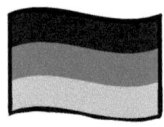

Almanca

nemački

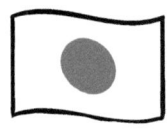

Japonca

japanski

ben
ja

sen
ti

o
on / ona / ono

biz
mi

siz
vi

onlar
oni

kim?
Ko?

ne?
Šta?

nasıl?
Kako?

nerede?
Gde?

ne zaman?
Kada?

isim
ime

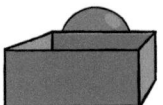

arkasında

iza

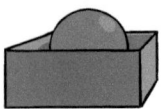

içinde

u

önünde

ispred

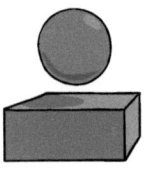

üzerinde

preko

üstünde

na

altında

ispod

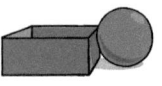

yanında

pored

arasında

između

yer

mesto